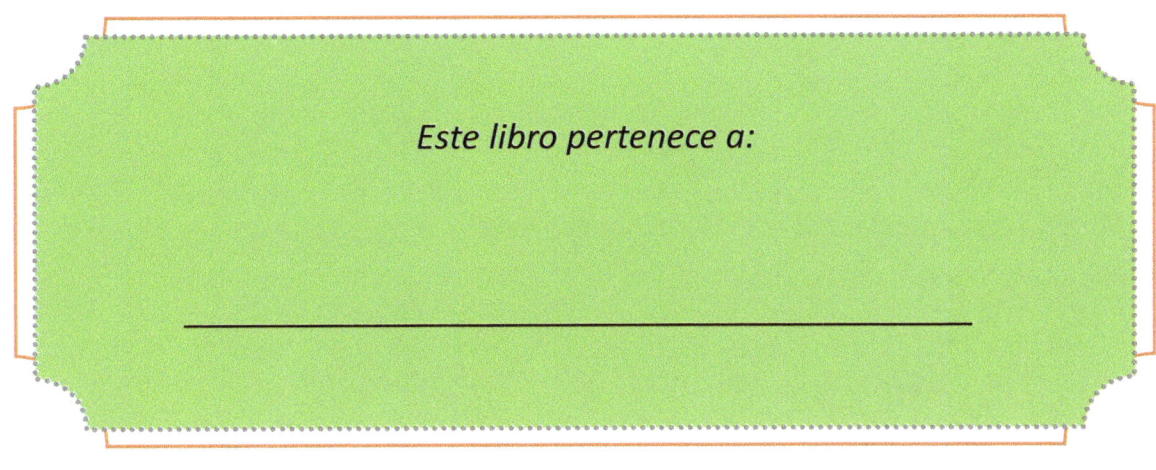

Llueve, Llueve

Escrito por: Andy Daniel Rosario y Maria Aduke Alabi

Ilustrado por: Andy Daniel Rosario

Copyright © Quisqueyana Press 2019

Todos los derechos reservados.

Ninguna parte de este libro (con excepción de las canciones) podrá ser reproducida o transmitida en ninguna forma o medio electrónico o mecánico sin la autorización escrita de la publicitaria.

Para ordenar copias adicionales de este libro visite Amazon.com o contacte:

Quisqueyana Press

Poway, California, USA

info@quisqueyanapress.com

www.quisqueyanapress.com

ISBN/SKU 978-1-0878-5930-9

LLUEVE, LLUEVE

Escrito por:

MARIA ADUKE ALABI & ANDY ROSARIO

Ilustrador por:

ANDY ROSARIO

Llueve, llueve gota a gota,
desde el cielo que rebosa.
Se derrama de las nubes
toda la humedad que sube.

Corre, corre la vecina,
la lluvia la agarro en la esquina.

Ahí va corriendo mi tía
al salir de la peluquería.

Corre, corre hasta mi gata
a quien una gota espanta.

Y mi prima usa sombrilla,
aunque se le mojen las rodillas.

Llueve, llueve, gota a gota
desde el cielo que rebosa.
Se derrama de las nubes
toda la humedad que sube.

De repente el corredero
y es mi madre al tendedero.

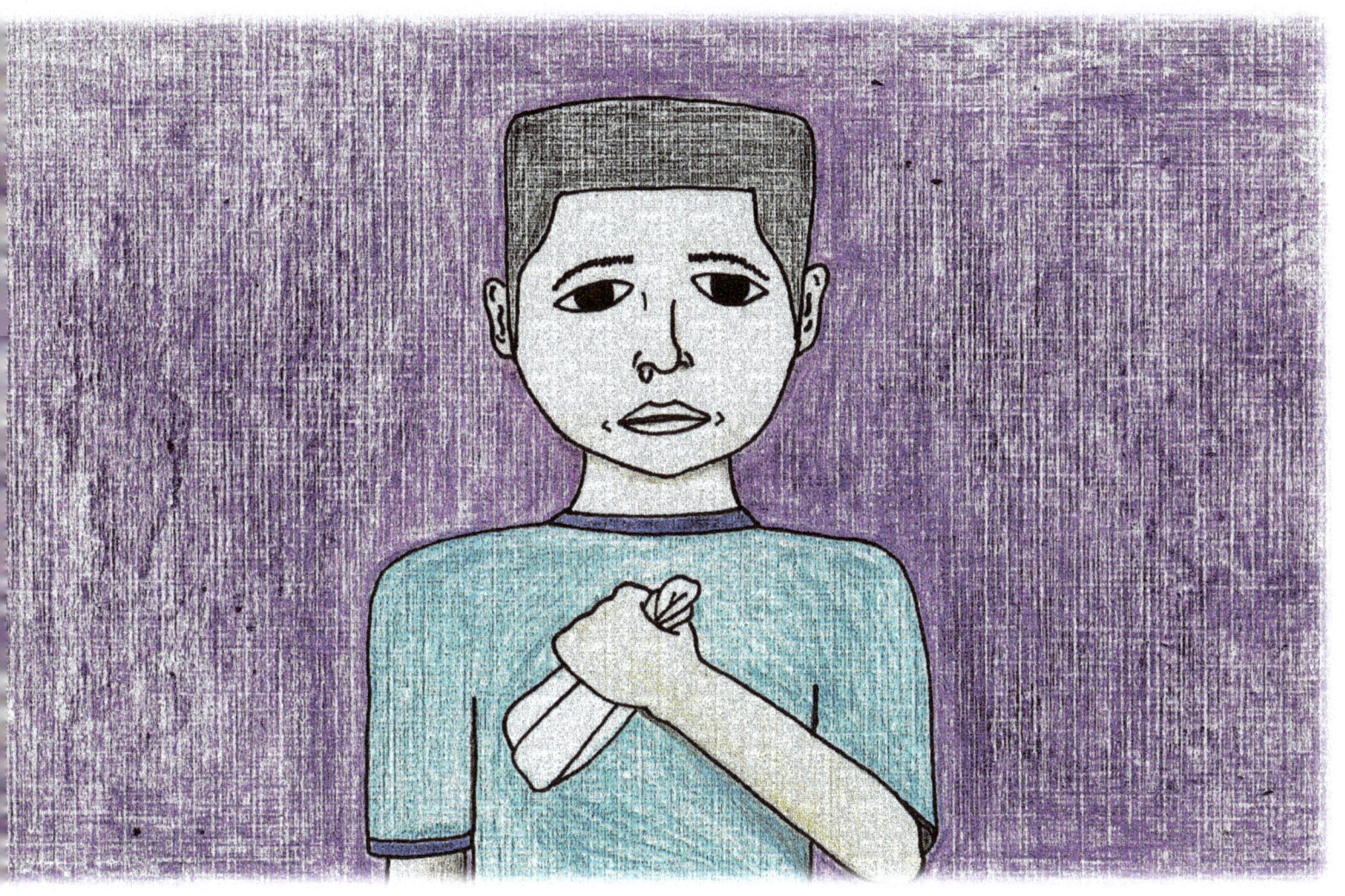

A mi amiguito Felipe
por mojarse le dio gripe.

Mi abuelita tan cristiana,
llego a la iglesia empapada.

Veo a mi padre enojado mirando su carro recién lavado.

Veo mi amiguito enlodado
por un autobús salpicado.

Llueve, llueve gota a gota,
y la gente se alborota.
Se derrama de las nubes
toda la humedad que sube.

Se escucha la voz del árbol agradeciendo el regalo.

Y el cuchicheo de las flores comentando sus favores.

Veo una rana en la esquina
usando un charco como tina.

Los hijos de madre Tierra celebran, están de fiesta.

Llueve, llueve gota a gota,
plantas, arboles y rosas
agradecen grandemente
las bendiciones que mojan.

QUE LLUEVA QUE LLUEVA
(Cancion infantil tradicional, version dominicana)

*Que llueva, que llueva
la virgen de la cueva,
Que llueva, que llueva
la virgen de la cueva,
los pajaritos cantan,
Las nubes se levantan.
Que si... que no.
Que caiga un chaparron.
Que si... que no
Le canta el Labrador.*

*Que llueva, que llueva
la virgen de la cueva,
Que siga lloviendo,
los pajaros corriendo,
florezca la pradera
Que si... que no.
Que caiga un chaparron
y que se mojen ellos
pero nosotros no!*

CUANDO LLUEVE...

Puede ser cierto que la lluvia a veces no es muy bien aceptada por nosotros, pero siempre es bien recibida por los demás seres vivos; debemos siempre alegrarnos cuando llueve, al recordar que la lluvia trae consigo una gran variedad de beneficios para el planeta y los seres que la habitan.

Cuando llueve nuestra atmosfera se refresca, las hojas de los árboles se limpian, permitiéndoles absorber mejor el carbono del aire. La Lluvia protege las plantas de ciertas bacterias e insectos perjudiciales y les proporciona agua la que absorben mediante sus raíces. Los ríos, lagos y arroyos se rellenan, permitiendo así la supervivencia de las especies a su alrededor y en su interior, al evitar que estos se sequen. La Lluvia nos proporciona agua libre de sal, la que tomamos y usamos, ayudando así a soportar la vida en el planeta.

La Lluvia debe ser razón de alegría para todos, por todas las bendiciones que trae a nuestra madre tierra y a sus hijos.

Celebremos la Lluvia... !Que llueva, que llueve!

AUTHORS AND ILUSTRATOR

Andy Daniel Rosario, coautor y ilustrador.

Autor dominicano, poeta, productor musical y compositor. Presidente de Dnote Records Studios. www.dnotedrecords.com/andinoh

Maria Aduke Alabi, coautora.

Autora afro-caribeña Dominicana, fotógrafa, editora y publicista de libros. Fundadora de Quisqueyana Press. www.mariaadukealabi.com

Dedicamos este libro a la conservación de nuestros árboles, por su contribución a nuestro medio ambiente al proporcionar oxígeno, purificar el aire al absorber dióxido de carbono y gases potencialmente dañinos, conservar agua, contribuir al ciclo del agua, actuar como barreras de sonido, preservar el suelo, apoyar la vida silvestre, proporcionando sombra y cobijo, madera para la construcción, combustible para cocinar y calefacción, fruta para la alimentación, medicina y muchos otros usos.

El equilibrio entre plantar y talar árboles debe restaurarse plantando más árboles, esto hará que el mundo sea mejor para todos.

Salva el suelo y salva los árboles, esto asegurará un mañana mejor para todos.

www.QuisqueyanaPress.com

www.ingramcontent.com/pod-product-compliance
Lightning Source LLC
Chambersburg PA
CBHW061149010526
44118CB00026B/2925